新版『資本論』のすすめ

刊行記念講演会でのあいさつと講演

志位　和夫　　萩原伸次郎
山口　富男　　不破　哲三

日本共産党中央委員会出版局

本書は、２０１９年9月20日に開かれた「新版『資本論』刊行記念講演会」でのあいさつと講演（『前衛』２０１９年11月号掲載）に加筆したものです。「しんぶん赤旗」（２０１９年8月18日付）に掲載された座談会も収録しました。

なお、新版『資本論』（全12分冊）は、新日本出版社から刊行されています。

（出版局）

目次

扉の写真は、２０１９年９月20日に開かれた「新版『資本論』刊行記念講演会」の会場。

［あいさつ］

「ルールある経済社会」と『資本論』――新版『資本論』刊行によせて

志位　和夫

お集まりのみなさん、インターネット中継をご覧の全国のみなさん、こんばんは。ご紹介いただきました日本共産党の志位和夫でございます。今日は、私たちの記念講演会にようこそお越しくださいました。心からお礼を申し上げます。

私は、主催者を代表してあいさつを申しあげます。

これまでの訳書を全面改訂――それを可能にした二つの条件

新版『資本論』は、一九八二年一一月から八九年九月にかけて新書版として刊行されたこれまでの訳書を全面的に改訂し、日本共産党社会科学研究所の監修によって、刊行するものです。

今月で、新書版の完結からちょうど三〇年になりますが、この三〇年間に、『資本論』の新版を刊行するうえで、新しい条件が生まれてきました。

一つは、マルクスが残した『資本論』の膨大な草稿の主要な部分が、『資本論草稿集』などの形で日本語訳としても刊行されて、マルクス自身の研究の発展の過程を、私たちが読む条件がつくられたことです。

いま一つは、その『資本論』の草稿の研究によって、エンゲルスによる『資本論』第二部・第三部の編集のたいへんな苦労や功績とともに、その問題点も明確となり、それを前向きに解決して、マルクスが到達した理論的な立場を、より明確にする条件がつくられたことであります。

こうして、新しい内容をもった新たな版を準備する条件が整ってきました。

新版『資本論』は、『資本論』の草稿の刊行と研究の発展をふまえ、エンゲルスによる編集上の問題点も検討・解決し、訳文、訳語、訳注の全体にわたる改訂を行ったものであります。

マルクスが到達した理論的立場が奥行きをもって立体的に
――「ルールある経済社会」の基礎となる諸命題も

私は、新版『資本論』の刊行によって、マルクスが到達した理論的立場の全体像が、奥行きをもって立体的につかめるようになったと思います。

その内容は多岐にわたりますが、一例をご紹介したいと思います。

日本共産党綱領は、当面する経済の民主的改革の内容として、国民の暮らしと権利を守る「ルールある経済社会」をつくることを中心課題にすえています。『資本論』には、私たちの綱領のこの方針の基礎となる大事な解明が、随所にちりばめられています。

あいさつする志位和夫委員長

「〝大洪水よ、わが亡きあとに来たれ！〟……」――資本への社会的規制が不可避になる

たとえば第一部第八章「労働日」の叙述です。マルクスは、この章で、資本家が、より大きな利潤をくみ上げるために、労働者に非人間的な長時間労働を強要した当時のイギリス資本主義の実態を、公的資料を駆使して告発し、数々の有名な命題を引き出しています。

私は、以前、二〇〇八年のリーマン・ショックの後に「派遣切り」が問題になり、それを主題にしたテレビ番組に出演したときに（〇九年一月放送、テレビ東京「カンブリア宮殿」）、テレビ局の側から「『資本論』からの引用で一言でわかるものを紹介してください」という注文を受けまして、たいへんに難しい注文でありますが、次の命題を紹介したことを思い出します。

「〝大洪水よ、わが亡きあとに来たれ！〟これがすべての資本家およびすべての資本家国家のスローガンである。それだから、資本は、社会によって強制されるのでなければ、労働者の健康と寿命にたいし、なんらの顧慮も払わない」（新版②四七一ページ、新書版②四六四ページ）

この一文を読み上げましたら、司会で作家の村上龍さんが「マルクスはやっぱりいいことをいいますね。いまでも生きていることを」といい、女優の小池栄子さんが「マルクスといま初めて触れ合いました、私」とのべ、マルクスが現代に生きているということが、この一文で伝わったということが、とても印象深く心に残っています。

資本は、最大の利潤をくみ上げるためには、労働者の健康や寿命に何らの顧慮も払うことなく、労働時間の非人間的な延長を追求する。しかし、そうなれば、労働者階級全体が精神的にも肉体的にも衰退し、社会全体が成り立たなくなる――「大洪水」がやってくる。その「大洪水」を止めるには、社会による「強制」によって、労働時間を規制するしかない。社会のまともな発展のためにも資本への民主的規制から避けて通れなくなる。マルクスは、このことを痛烈な言葉で語ったのであります。

「社会的バリケード」――労働者の自覚と、結束と、たたかいによってつくられる

もう一点、こうした社会による「強制」は必然のものですけれども、それは自然につくられるものではありません。労働者の自覚と、結束と、たたかいによってつくられます。マルクスは、イギリスで一八五〇年にかちとられた一〇時間労働法――最初の工場立法の意義について、イギリス労働者の「半世紀にわたる内乱」の結果だとして、つぎのようにのべています。

「自分たちを悩ます蛇にたいする『防衛』のために、労働者たちは結集し、階級として一つの国法を、資本との自由意志による契約によって自分たちとその同族とを売って死と奴隷状態とにおとしいれることを彼らみずから阻止する強力な社会的バリケードを、奪取しなければならない」（新版②五三二ページ、新書版②五二五ページ）

ここでマルクスのいう「自分たちを悩ます蛇」とは、資本による搾取・責め苦を指していますが、それに対して自分と家族、労働者を守るためには、労働者は結集し、「社会的バリケード」――新版では「バリケード」という大胆で印象的な訳がなされています――「社会的バリケード」、「国法」＝法律によって労働時間を制限する工場法をたたかいとらなければならない。

こうして『資本論』には、現代日本の私たちのたたかいを直接に励ます数々の命題があります。現代日本での労働時間短縮のための法的規制強化を求めるたたかいに、そのままつながる命

題がのべられているのです。

工場立法の一般化は、未来社会にすすむ客観的・主体的条件をつくりだす

さらにもう一つ、『資本論』第一部第一三章「機械と大工業」では、こうした工場立法が一般化すること――産業界全体に広がることが、社会変革にとってどういう役割を果たすかについて、大きな視野でとらえた次のような意義づけがなされています。

「工場立法の一般化は、……新しい社会の形成要素と古い社会の変革契機とを成熟させる」（新版③八七七ページ、新書版③八六四ページ）

マルクスはここで、工場立法の一般化のもつ意義を二つの側面から解明しています。

第一は、古い生産の諸形態をしめだし、労働過程の全体を「社会的規模での結合された労働過程」に転化することを促進し、「生産過程の物質的諸条件および社会的結合」とともに、資本主義の胎内で「新しい社会の形成要素」を成熟させるということです。

第二は、工場立法の一般化によって、労働者に対する「資本の直接的なむき出しの支配」が産業全体に広がり、「資本の支配に対する直接的な闘争」を一般化させ、「古い社会の変革契機」を成熟させるということです。

こうして『資本論』では、この工場立法を、社会変革の客観的条件――資本主義的生産のもと

での高度な経済的発展および矛盾の深まりという側面と、社会変革の主体的条件――労働者階級の成長・発展という側面の両方から、統一的にとらえています。

わが党の綱領でのべている「ルールある経済社会」とは、資本主義の枠内で実現すべき目標ですが、それを私たちは「ルールある資本主義」とは表現していません。そのように表現しない理由について、二〇一〇年の第二五回党大会への中央委員会報告では、「この改革の成果の多くは、未来社会にも引き継がれていくことでしょう」とのべ、次のように説明しています。

「綱領でのべている『ルールある経済社会』とは、資本主義の枠内で実現すべき目標ですが、それを綱領で『ルールある資本主義』と表現していないのは、『ルールある経済社会』への改革によって達成された成果の多く――たとえば労働時間の抜本的短縮、男女の平等と同権、人間らしい暮らしを支える社会保障などが、未来社会にも引き継がれていくという展望をもっているからであります」（『前衛』特集号一〇一ページ）

『資本論』でマルクスがのべた、「工場立法の一般化は、……新しい社会の形成要素と古い社会の変革契機とを成熟させる」という解明は、わが党の綱領のしめす「ルールある経済社会」という方針が、当面する民主的改革の中心課題の一つであるだけでなく、未来社会――社会主義・共産主義社会にすすむうえで、その客観的および主体的条件をつくりだす意義をもつことを、大きなスケールで描き出すものとなっていると、私は思います。

「恐慌の運動論」の発見はマルクスの資本主義観、革命論を大きく変えた

「ルールある経済社会」の基礎となる一連の解明は『第一部完成稿』で初めて行われた

ここで私が、新版『資本論』との関係で強調したいのは、さきほど紹介した、第八章「労働日」での「〝大洪水よ、わが亡きあとに来たれ！〟……」にはじまる命題、「社会的バリケードを、奪取しなければならない」という命題をふくめ、際限のない労働時間の拡張が資本と労働者の関係に何をもたらすかということについての本格的な解明は、一八六六年一月〜六七年四月に執筆された『資本論第一部完成稿』（同年九月刊行）で初めて行われたものだということです。

いわゆる『六一〜六三年草稿』にも、これらの命題の萌芽となり、起点となる考察がのべられています。しかし、『第一部完成稿』では、それが階級闘争の生き生きとした歴史的叙述をふくむ大長編の叙述に大きく変わりました。そのことについて、マルクスはエンゲルスにあてた手紙で、「『労働日』にかんする篇を歴史的に拡大した」「これは僕の最初のプランにはなかったこと

だ」（一八六六年二月一〇日、『全集』㉛一四五ページ）と書き送っています。

さらに、さきほど紹介した、第一三章「機械と大工業」でのべられている「新しい社会の形成要素と古い社会の変革契機」といった資本と労働者階級の発展過程を統合的、一体的に分析するということは、『六一～六三年草稿』にはない、『第一部完成稿』で初めてとられた方法でした。

これらは、『六一～六三年草稿』から六六～六七年の『第一部完成稿』までの間に、マルクスの資本主義観に大きな転換が起こったことを示しています。

破局的な危機を待つのでなく、労働者階級のたたかいによって革命を根本的に準備する

それは、マルクスが、一八六五年前半の時期に、恐慌論にかかわって大きな発見を行ったということです。

この問題については、すでに不破哲三社会科学研究所所長による徹底的な研究、追跡、解明が行われています。

すなわち、マルクスは、六五年前半の時期に、それまでの恐慌が引き金となって資本主義を変革する革命が起こる――「恐慌＝革命」説とよぶべき立場を乗り越えて、不破さんが「恐慌の運動論」とよんでいる恐慌論を発見しました。それは、資本の再生産過程に商人が入り込むことに

よって、再生産過程が商品の現実の需要から独立した形で、「架空の需要」を相手にした架空の軌道を走りはじめ、それが累積し、破綻することによって恐慌が起こるというものです。

この新しい見方に立ちますと、恐慌というのは、資本主義が「没落」の過程に入ったことの現れではなく、資本主義に固有の産業循環の一つの局面にすぎず、資本主義は、この循環を繰り返しながら発展をとげていくことになります。歴史を見れば、事実そうなっていったわけであります。

この「恐慌の運動論」の発見は、マルクスの資本主義観を大きく変え、革命論も大きく変えるものとなりました。すなわち、あれこれの契機から始まる破局的な危機を待つのではなく、資本主義的生産の発展のなかで、社会変革の客観的条件と主体的条件がどのように準備されていくかを全面的に探求し、労働者階級のたたかい、成長、発展によって革命を根本的に準備していく。これが革命論の大きな主題となりました。『資本論第一部完成稿』には、こうした立場にたった資本主義の「必然的没落」論が、全面的に展開されることになりました。

さきに紹介した「ルールある経済社会」の基礎となる『資本論』の一連の諸命題も、こうした探求のなかで豊かな形で生みだされたものだと思います。その意義は、「恐慌の運動論」の発見がもたらしたマルクスの資本主義観、革命論の大きな発展の過程のなかに位置づけてこそ深くつかめるものだと、私は考えるものです。

マルクス畢生の大著を理解するうえで大きな意義

エンゲルスが編集した現行版の『資本論』の大きな問題点の一つは、マルクスが「恐慌＝革命」説を乗り越える前の古い理論が第三部の一部に残ってしまっているうえに、マルクスが一八六五年前半に、恐慌の新しい発見を叙述した『資本論第二部第一草稿』――「恐慌の運動論」をのべた部分については、エンゲルスが編集のさいに「断片的な草稿」で「利用できなかった」と扱ってしまったということにありました。

新版『資本論』は、これらの問題点を解決するものとなっています。新版『資本論』では、第二部の最後に、「訳注」をたてて、マルクスが『第二部第一草稿』でのべた新しい恐慌論の全文を掲載するものとなります。新版では、これは第七分冊になる予定であります。

こうして、新版『資本論』によって、私たちは初めて、『資本論』のなかで、マルクスの恐慌論の到達点の全体を読めることになりました。こういう形で世の中に出る『資本論』は、世界でも初めてのものだと思います。私は、昨日、メディアのみなさんに、世界で初めてのことだと紹介したところ、「それでは新版『資本論』を英訳や独語訳で発刊する予定はありますか」という質問を受けまして、なるほどと思いましたが、これは世界で初めてのものであり、独自の科学的価値をもつものになると思います。

この到達点を理解することは、『資本論』が展開している資本主義論、革命論の全体を理解するうえでも不可欠であり、新版『資本論』は、私たちがマルクスのこの畢生《ひっせい》の大著を理解するうえで、大きな意義をもつものと確信をもって言いたいと思います。

そのほかにも、後でお話があると思いますが、マルクスが未来社会論の核心部分を語った論述について、しかるべき位置に移し、その意義が明瞭になるようにするなど、新版『資本論』のもつ意義は、きわめて大きなものがあります。

ぜひマルクスを学び、研究し、社会進歩の事業に役立てていこうと志す多くの方々が、新版『資本論』を手にとって、活用していただくことを強く願い、あいさつといたします。ありがとうございました。

二一世紀のいま、なぜ新版『資本論』を学ぶのか

萩原伸次郎

ただいまご紹介いただきました萩原でございます。本日は、「二一世紀のいま、なぜマルクス新版『資本論』を学ぶのか」、というテーマで話をさせていただきます。

このテーマで、私は二つのことを申し上げたいと思います。一つは、「なぜ二一世紀のいま『資本論』を学ぶのか?」ということであり、第二が、「なぜ古い翻訳ではなく本日発売の新版『資本論』でなければならないのか?」ということであります。

世界経済の本質、動きに的確な判断

第一の二一世紀のいま、なぜ『資本論』を学ばなければならないのか、について結論的に申し上げますと、二一世紀の世界の経済を理解するには、『資本論』を学ばないと、ことの本質とその動きを的確に判断することができないからであります。

私は、現代経済史を専門領域としまして、とりわけアメリカの経済政策を研究してまいりました。私が、経済学の研究を始めましたのは、ほぼ今から五〇年前で、『資本論』発刊一〇〇周年という時期であります。いうまでもなく、『資本論』の出版は、一八六七年、日本では「大政奉還」があり「王政復古の大号令」が出された、まさに幕末、明治維新前夜であります。それから一〇〇年もたった『資本論』を学ぶなんて「バッカじゃない？」などと世間でいう人もおりました。『資本論』はもう古いというわけであります。たしかに、一九六七年は、東京オリンピック後のいざなぎ景気真っただ中、日本は高度成長の継続で、世界第二位の経済大国へひた走り、銀行が倒産するなどとはとても考えられず、金融機関へ就職すれば一生安泰、いいところへ就職なさいましたねという調子でした。アメリカでは、ガルブレイスの『ゆたかな社会』が多くの人に関心を持たれるという時代でした。『資本論』は、膨大な富の蓄積の一方、多くの国民の側には、貧困が蓄積され、経済恐慌が周期的に引き起こされる論理を解いていましたから、『資本論』はもう古いというキャンペーンがまことしやかに説かれていたことも理由のないことではなかったと思われます。

　ところで、マルクス『資本論』にとっての最大の危機は、一九八九年ベルリンの壁の崩壊、一九九一年一二月のソ連消滅にありました。いうまでもなくこれら諸国は、マルクス・レーニン主義による社会主義を建設していたはずですから、これら諸国の崩壊は、イコール、マルクス主義の崩壊であり、『資本論』は現実に通用しないとするというキャンペーンがそれ以来今日までほぼ三〇年間にわたって行われ続けました。

萩原伸次郎さん

　けれども、現実の経済を眺めてみますと、この三〇年は、マルクスの『資本論』を再度、新たな観点で学ぶ重要性を、私たちに教える三〇年だったように思えてなりません。

　たしかに第二次世界大戦後の一定の時期、アメリカを基軸とするいわゆる西側諸国では、金融規制がなされ、持続的な経済成長が展開するとともに、金融危機などとは無縁の資本主義システムが形成されました。また、ソ連東欧諸国も集産主義的システムのもとで、マルクス『資本論』が分析対象としたシステムとは異質のシステムが存在したのです。しかし、そうしたシステムは、その本家本元のアメリカから崩されて、あえて言えばマルクス『資本論』の世界が、二〇世紀終わりから二一世紀にかけてアメリカを基軸として形成されてきたといわなければならないと思います。

多国籍企業論で先駆的業績をあげた、スティーブン・ハイマーというカナダ生まれの研究者が、興味深い指摘をしております。彼によりますと一八四八年にマルクスとエンゲルスによって書かれた『共産党宣言』において、ブルジョアジーという言葉を多国籍企業という言葉に置き換えると、きわめてリアリティーのあるダイナミックな説明が得られるというのです。彼に従って『共産党宣言』の一節を書き直してみましょう。「多国籍企業は、すべての生産用具の急速な改良によって、無限に容易になった通信によって、あらゆる国民を、もっとも野蛮な諸国民をも文明に引き入れる」というのです。何か、マルクス、エンゲルスが、現代によみがえったような錯覚を私たちに与えます。

金融危機の本質——現代に貫徹するマルクスの分析

さて、現代経済とマルクス時代の経済との類似性の第二は、金融危機の勃発とそれを利用した金融業者への富の蓄積です。金融危機を最大限利用して、富を蓄積する「金融業者と株式仲買人たち」に関して、マルクスは、『資本論』第三巻で、次のように言っています。「さらに集中について語ろう！　いわゆる国家的諸銀行と、それらを取り巻く大貨幣貸付業者たちおよび大高利貸したちとを中心とする信用制度は、巨大な集中であって、それはこの寄生階級に、単に産業資本家たちを大量に周期的に破滅させるだけでなく、危険きわまる方法で現実の生産にも干渉する途方もない力を与える――しかもこの一味は、生産のことはなにも知らず、また生産とはなんの関係もない。一八四四年および一八四五年の法は、金融業者たちと〝株式仲買人たち〟とが加わったこの盗賊どもの力が増大したことの証拠である」（新書版⑪九四九ページ）と。

新自由主義による金融グローバリズムが支配する今日の社会は、どうでしょうか？　八〇年代は、途上国の債務累積危機とアメリカの貯蓄貸付組合危機、九〇年代になるとアメリカ一極支配のもとで、一九九七年アジア金融危機、翌年のロシアルーブル危機、日本でも、日本長期信用銀行と日本債券信用銀行の破綻があり、二〇〇八年には、アメリカを震源として、ヨーロッパ、アジア、ラテン・アメリカなどを巻き込む文字通り、世界経済恐慌が、金融危機を伴って発生することになったのです。しかも、二〇〇八年九月のリーマン・ショック以降、政権の危機対応に明確にみられるように、まさに、かつてマルクスが指摘した「金融業者と株式仲買人」たちの金融盗賊どもが、公的資金導入に始まり、さまざまな手練手管で国民の懐から膨大な金を巻き上げているではありませんか。

また、金融危機では、信用が崩れ、貨幣を求めての貨幣飢饉がおこります。二〇〇八年九月のリーマン・ショックの時は、危機は世界的に波及し、ドルを求めての「貨幣飢饉」が国際的に引き起こされました。それは、ドルを基軸に構築されていた信用が崩れたからです。マルクスが一九世紀に論じた「信用崩壊が貨幣飢饉を引き起こす」という法則が、二一世紀の現代でも貫徹されたのです。

いま、なぜ新版で学ぶ必要があるのか

ところで、二一世紀に『資本論』を学ぶのに、旧来の翻訳ではなく、なぜ新版『資本論』なのか、という点で申し上げたいことは、二つあります。詳しくは、不破さんと山口さんがお話しになると思いますので、簡潔に申し上げますと、一つは恐慌に関するマルクスの研究過程が、より分かるように編集されたという点だと思います。

マルクスが一八四八年革命の後、イギリスに亡命し、大英博物館に通って経済学の研究をやり直し始めたのは、一八五〇年秋だといわれます。当時マルクスは、来るべき革命は、経済恐慌の後に引き起こされるという信念のもとに研究を進めていました。フランスの二月革命、ドイツで

の三月革命は、一八四七年の経済恐慌と関連があったというのがマルクスの当時の考えだったのです。しかし、待望の経済恐慌が一八五七年に起こったのですが、革命は起こりません。マルクスとエンゲルスは、五七年恐慌は、ドイツが震源になると予測したのですが、ゴールドラッシュ後のアメリカが震源となり、革命は起こらず、かえってマルクスが生活費の当てにしていた『ニューヨーク・デイリー・トリビューン』社の経営不振からマルクスへの寄稿要請が減らされるという予想外の事態となったのです。『マルクス・エンゲルスの世界史像』（未来社）の著者、山之内靖氏は、「このような事態のなりゆきは、マルクス・エンゲルスの両人に対し、恐慌と革命の連関という一般的命題について、それが一八五七年の世界史的現実の中では直線的につながりえなかった原因を、深く反省させることになったのである」と述べていますが、そうした恐慌に関するマルクスの革命との直接的連関論が、どのような過程を経て克服され、より深い当時の恐慌の現実把握になっていったのかについては、いままでの『資本論』の翻訳では、必ずしも明らかではありませんでした。

私は、そうした当時のマルクスの恐慌把握について、拙著『世界経済危機と「資本論」』（新日本出版社）において次のように論じたことがあります。「貨幣を必要としない信用関係の膨大な形成は、資本主義社会における取引を活発化させるのだが、最終的には貨幣による決済をしなければならないのである。貨幣による決済ができなくなる事態が、一斉に引き起こされることが資本主義社会では必然的に起こる。これが貨幣恐慌なのだが、『資本論』第一巻の貨幣論では、その発生が抽象的に論じられているに過ぎない。

この関係をより具体的に論じた箇所が『資本論』第三巻第四篇の商人資本であるのは決して偶然ではない。なぜなら、資本主義社会における信用形成とその破綻は、この一九世紀のマルクスの時代、商人資本の介在が不可欠だったからだ」と。

不破さんは、この商人資本が介在して恐慌が起こるというマルクスの恐慌把握を「恐慌の運動論」と命名されましたが、エンゲルスの編集過程で見落とされたわけです。それを今回の新版『資本論』では、「第二部第一草稿に書き込まれた新しい恐慌論の全文を収録」というわけですから、マルクスの研究上の苦闘を再現する大変意欲的な編集になっているのではないかと期待しております。

そして、第二は、マルクスの未来社会論になります。

私は、横浜国立大学に長く勤めましたが、そのとき、日本の資本論研究の第一人者だった佐藤金三郎先生と一緒の時期がありました。佐藤先生は、『経済学批判要綱』として出版されました『一八五七〜五八年草稿』、それをいち早く日本に紹介し、マルクスのプラン問題研究に大きく貢献された方ですが、「社会主義・共産主義社会のキーワードは、自由な時間なんだよ」と私に語りかけられたことを思い出します。佐藤先生は、惜しくも一九八九年に他界され、そのような指摘はずっと下火になっていました。そこに不破さんが「未来社会論」という形で「自由な時間」という問題を『資本論』の中から取り出してこられた。これはソ連がつぶれて「社会主義はだめだ」という声に対して「そうではない。未来の展望はここにある」ということを示そうとした大きな仕事だと思いますし、それが、今回の新版では、第三部第七篇、第四八章において、エンゲルスの編集を組み替えて、初めのところに「未来社会」についての言及をもってくるというわけですから、大変意欲的な新版『資本論』になるのではないかと私は期待しております。

この『資本論』を、ぜひ21世紀に学んでいただきたいと思いまして、私のあいさつとさせていただきます。

新版『資本論』の特徴と魅力

山口　富男

ご来場のみなさん、また、インターネット中継をご覧のみなさん、こんばんは。日本共産党社会科学研究所の山口富男です。

私は、「新版『資本論』の特徴と魅力」について、お話ししたいと思います。

新版刊行の条件の発展

新版『資本論』は、一九八〇年代に刊行された新書版を全面的に改訂したものです。

新書版の完結後、この三〇年の間に、『資本論』をより充実した内容で読むことのできる、新しい条件が発展してきました。

一つは、マルクス、エンゲルスの書いたすべての文章を収める、新しい『マルクス・エンゲルス全集』＝略称『新メガ』の刊行が、すすんだことです。二〇一二年には、『資本論』とその準備のための草稿を収録した『新メガ』第二部門が完結しました（一五巻二三冊）。その結果、私たちは、『資本論』に関係するマルクスの草稿の全体を、はじめて読むことができるようになりました。また、国内でも、マルクスの二つの経済学草稿、『一八五七〜五八年草稿』と『一八六一〜六三年草稿』が翻訳され、『資本論』第二部、第三部関係の草稿の翻訳もすすみました。

二つ目には、資料の公開によって、イギリスの『工場監督官報告書』、『児童労働調査委員会報告書』など、『資本論』で利用された公的な報告書、それから経済分野の専門著作の多くが、インターネットやマイクロ・フィルムの利用によって、わが国でも直接、読めるようになったことです。

こうした条件を生かした研究によって、『資本論』の草稿の状態、マルクス自身の研究の発展史が、詳しくつかめるようになりました。さらに、第二部、第三部の編集にあたったエンゲルスのたいへんな苦労とともに、編集上の問題点も浮き彫りになってきました。

私たちは、このような条件を踏まえて、新版刊行の準備にあたってきました。

訳文、訳語、訳注の全面的な改訂

まず、新版『資本論』の全体的な特徴から、紹介したいと思います。

はじめに訳文です。翻訳ですからたいへん大事になります。訳文は、新書版での達成を生かして、ひきつづき平易で明快なものをめざし、全体を改訂しました。また、各種の報告書、著作からの引用も直接読めるようになっているのですから、可能な限り原典に当たり直し、訳文や数字などを改訂しています。

山口富男さん

つぎに訳語です。『資本論』を執筆するなかでつくられたマルクス独自の重要概念である「独自の資本主義的生産様式」と「全体労働者」について、今回、訳語を統一しました。それぞれの用語の内容については、はじめて登場する箇所で訳注をつけて説明しています（第一部第五篇第一四章〔新版③八八八〜八八九ページ〕、同第四篇第一一章〔同五七八〜五七九ページ〕）。

訳注については、大きく改訂し、相当数の訳注を新たに加えました。新しい訳注では、『資本論』の著作構成の変化、恐慌論、再生産表式論、未来社会論などでのマルクス自身の探究と発展を重視しました。さらに、エンゲルスの編集上の問題点を検討し、この面での訳注を充実させ、必要な場合には、マルクスの草稿そのものを訳出することにしました。

また、経済学史、一九世紀の政治史や諸事件などの歴史的事項についても、その内容をつかめるように、大幅に訳注を増やしています。

マルクスの独特のいいまわしについても、注意を払いました。たとえば、マルクスは、この人物は、〝取引所のピンダロス〟、〝自動化工場のピンダロス〟、などといいます。新版では、なぜ、このような呼び方をするのか、訳注で、つぎのように説明しています。

＊ピンダロス――古代ギリシアの叙情詩人。オリンピア祭での競技の勝利者への賛歌で知られる。マルクスは、資本主義社会のあれこれの諸制度の誇大な礼賛者にたいして、しばしば、この詩人の名を借りて皮肉った――（新版②二六三ページ）。

これは、一例です。

このように、新版『資本論』は、マルクス自身の研究の発展史を反映するとともに、エンゲルスの編集上の問題点についても、くわしい検討を行いました。この主題については、不破哲三さんの記念講演が、歴史的な検討を行います。

第一部。マルクスによる改訂個所を重視

『資本論』全三部は、よく知られているように、第一部だけが、マルクスによって仕上げられました。第二部と第三部は、マルクスの死後、残された草稿をエンゲルスが編集したものです。こうした経過も反映して、新版『資本論』には、全三部のそれぞれに、改訂の特徴が生まれました。

つぎに各部ごとの特徴を紹介したいと思います。

まず、第一部「資本の生産過程」です。

第一部は、四分冊で刊行します（第一分冊～第四分冊）。新書版の編成とほぼ同じですが、新版では、第四分冊を「第七篇　資本の蓄積過程」だけでまとめるようにしています。翻訳上の底本は、一八九〇年に刊行された第一部第四版を使いました。この版が、エンゲルスの校閲した最後の版となっているからです。

第一部の改訂では、一八六七年の初版にたいするその後の版での書き換え、また、マルクス自身が独自の意義をもつと語ったフランス語版『資本論』（一八七二～七五年）とその成果を反映させた第三版（一八八三年）、および第四版（一八九〇年）での改訂個所を重視しました。この面で

の新しい訳注は、新たに一〇〇カ所あまり増えています。

初版では、「価値形態」論が本文と「付録」で二重に叙述されていました。マルクスは、第二版（一八七二～七三年）でそれまでの二重の叙述を一本化し、第一章「商品」を書き直しました。新版では、この経過を訳注で示し、必要な場合には、その後の版で取り除かれた叙述や原注も訳出しています。

マルクスは、第一部に一一〇〇を超える原注を付けています。新版では、これらが、初版以降、第四版までのどの版でつけられたものか、わかるようにしました。たとえば、マルクスは、第二版で、新たに三八の注を追加し、一一カ所で追記を加えています。

このような改訂の結果、第一部では、叙述改善に努めたマルクスの足跡が、これまで以上につかみやすくなったと思います。

第二部。必要に応じマルクスの草稿を訳出

つぎに、第二部「資本の流通過程」です。

第二部は、第二部の三つの篇をそれぞれ一冊にまとめて三分冊で刊行します（第五分冊～第七分冊）。第二部の初版は、一八八五年に刊行されましたが、翻訳上の底本には、一八九三年に刊

行された第二版を使用しました。これも、エンゲルスの校閲した最後の版となったものです。

新版では、第二部の初版と第二版で叙述の異なる個所を示し、エンゲルスが草稿に付け加えた文章や追加した注、また、草稿との異同、読み誤りなどについて、訳注で、くわしく指摘することにしました。これらに関連した新訳注は、一五〇カ所あまりとなります。また、三つの篇の表題、二一の章の表題、それから節の表題についても、これまでの訳注を改訂し、マルクスの草稿との違いについての記述を充実させました。

マルクスの残した八つの草稿と第二部におけるその利用状況については、最近の研究による情報を示し、恐慌論などでは、関連するマルクスの草稿を訳出することにしました（第二篇第一六章の「注32」〔新版⑥五〇一～五〇二ページ〕、第三篇第二一章の末尾〔新版⑦八五八～八六二ページ〕など）。

こうして、エンゲルスの編集上の問題点も、『資本論』にそくして、具体的に検討していただけるものと思います。

第三部。編集上のいろいろな工夫

つづいて、第三部「総過程の諸姿容」（マルクスによる表題。現在の「資本主義的生産の総過程」

はエンゲルスによる）です。

第三部は、五分冊で刊行します（第八分冊〜第一二分冊）。翻訳上の底本は、エンゲルスが編集し、一八九四年に刊行した第三部第一版を使いました。

第三部の草稿は、『資本論』の草稿のなかでも、もっとも早い時期に準備されたものです。そこには、執筆時期の異なる二つの部分がありました。第一篇から第三篇までが一八六四年に執筆された前半部分、第四篇から第七篇が、前半部分の執筆から半年後に取り組まれた後半部分です。そして、前半部分にあたる第三篇には、後半部分の執筆にあたって、すでにマルクスが乗り越えていた見解――利潤率の傾向的低下を資本主義的生産の没落の動因とする立場が残っていました。

新版は、こうした点に留意しながら、新しい訳注でマルクスの研究の発展と到達点を示し、草稿の記述と異なっている個所、また、エンゲルスによって文章が混入された個所などを、くわしく示すことにしました。この面での新しい訳注は、二五〇カ所あまりとなります。

つぎに、第三部で行った編集上の工夫について、二点、紹介します。

第一。新書版は、古い理論的命題の残る第三篇と、その後に執筆された第四篇とを同じ巻に収録していました（新書版第九分冊）。新版では、マルクスの理論的発展を考慮して、第三篇と第四篇とを同じ巻に収めず、二冊に分けることにしました（新版第八分冊と第九分冊）。

第二。新版の全体の編集は、翻訳上の底本に従っています。唯一の例外が、第三部の第七篇第四八章「三位一体的定式」です（新版第一二分冊）。この章では、エンゲルスによる原稿配列を組み替え、マルクスの草稿どおりに、未来社会論を論じた部分を章の冒頭に置くことにしました。この点については、不破さんの記念講演で、その意義が明らかにされると思います。

八〇〇人をこえる人名索引も面白い

私の話の最後に、第一二分冊の巻末に収録する「人名索引」について、触れたいと思います。索引に登場する人名は、八〇〇人を超えています。

『資本論』に登場する人名としては、当然のことながらイギリス、フランス、ドイツ、イタリア、アメリカなどの経済学者が多く、アダム・スミス、リカードウをはじめ、約二〇〇人の名前があがっています。

そのほかに、ヨーロッパの王族、政治家、イギリスの銀行家などの名前が目立ちます。この人たちは、主に支配勢力側の人々です。それにくわえて、資本主義の諸矛盾を痛烈に告発したイギリスの医師、労働監督官、法律家、さらに証言に名を残した労働者、各時代の歴史的特徴をつかもうとした歴史家、自然科学者、哲学者と文学者、詩人の名前も少なくありません。シェークスピアなどはその代表です。

マルクスは、当時のヨーロッパ社会の生々しい現状をつねに眼の前におきながら、資本主義の経済法則と社会変革の展望を探究した革命家であり、経済学者です。登場する人名の構成にも、このようなマルクスの変革者としての研究姿勢の一端が現われているように思います。

索引では、それぞれの人名について主な経歴を示し、経済学者については、代表的な著作も紹介しました。これも、『資本論』を読み、活用するうえでの手助けになるものと思います。

以上、新版『資本論』の特徴と魅力について、紹介させていただきました。

新版『資本論』は、全一二分冊で刊行され、二年後の、二〇二一年七月に完結の予定です。ぜひ、手にとってご覧いただき、読み手を広げてくださいますよう、心からお願い申し上げます。

ありがとうございました。

［記念講演］

『資本論』編集の歴史から見た新版の意義

不破　哲三

会場のみなさん、こんばんは。全国でインターネットを視聴のみなさん、こんばんは。不破哲三でございます。

1、『資本論』の歴史をふりかえる

さっそく本題に入りますが、『資本論』には歴史があります。

マルクスが最初の草稿執筆を開始したのは一八五七年、『資本論』第一部を仕上げて刊行したのが、その十年後の一八六七年、第二部、第三部は、マルクスの死後に草稿として残されました。この草稿を編集して第二部、第三部を仕上げたのはエンゲルスで、第二部は一八八五年、第三部は一八九四年に刊行されました。草稿執筆の開始から数えると、実に三七年もの歴史が経過したことになります。

私は、この歴史をたどりながら、新版『資本論』の特徴と意義についてお話ししたいと思います。そのために、『資本論』とその草稿全体を執筆順に並べて、みなさんにお見せすることにしました。

『資本論』にいたるマルクスの執筆過程をたどる

マルクスが、経済学の研究を始めたのは、一八四三～四四年、二五歳のとき。そして、研究の成果をふまえて、経済学の著作への取り組みを決意し、最初の草稿執筆にかかったのは、一四年後の一八五七年一〇月、マルクス三九歳のときでした（以下、演壇上に並べた『資本論』各巻とその諸草稿を一つ一つ指しながら説明する）。

［1］これが『一八五七～五八年草稿』、一八五七年から五八年にかけてマルクスが書いた最初の草稿です。ノート七冊に書かれていますが、この訳本（『資本論草稿集』①、② 大月書店）では二巻になっています。

この時は、経済学の著作の計画は、次の「五部構成」で、経済学のプランというより、史的唯物論の教科書のプランといった印象を受けます。

（一）一般的抽象的諸規定。（二）ブルジョア社会の内的編制をなす諸範疇。資本、賃労働、土地所有。（三）ブルジョア社会の国家の形態での総括。（四）生産の国際的な関係。（五）世界市場と恐慌（『資本論草稿集』①六二ページ）。

作成順に並べられた『資本論草稿集』や、刊行された『資本論』などを前に講演する不破哲三さん

マルクスの頭の中で、経済学の篇別区分について、基本的な方法論がまだ確立していない段階でのプランでした。

［2］その次に書いたのが、『経済学批判』（一八五九年）です。マルクスのプランでは、経済学のより広い領域を扱う計画でしたが、最終的には、商品論と貨幣論の部分だけを仕上げた著作となりました。執筆の過程で、著作全体の構想に大きな発展があり、マルクスは、この書の「序言」のなかで、この時点での著作の全体構想を次のように説明しました。

「私はブルジョア経済の体制をつぎの順序で考察する。資本、土地所有、賃労働、そして国家、外国貿易、世界市場。はじめの三項目では、私は近代ブルジョア社会が分かれている三大階級の経済的生活諸条件を研究する」（古典選書『「経済学批判」への序言・序説』一一ページ）。

［3］それに続くのが『一八六一年～六三年草稿』です。『経済学批判』の続編のつもりで書き始めましたが、研究が多方面に発展し、ノート二三冊におよぶ大作で、訳本の『草稿集』でも六冊になりました。

この草稿執筆の最後の時期に、著作の題名を『資本』にすることに決めましたが〔＊〕、全体の構想は現在の『資本論』とは違って、「六部構想」のままで、『資本』とはその最初の「部」の題名という意味でした。

＊「〔『経済学批判』の――不破〕第二の部分は今やっとでき上がりました。……これは第一分冊の続きですが、独立に『資本』という表題で出ます」（マルクスからクーゲルマンへ　一八六二年一二月二八日　古典選書『マルクス、エンゲルス書簡選集　上』二〇五ページ、全集㉚五一七～五一八ページ）。

［4］一八六三年八月から翌年の夏までかけて、いよいよ本文を書こうということで、『資本』の表題のもと、まず第一部「資本の生産過程」の草稿を書きました。

［5］それから、おそらく第二部の「流通過程」の執筆にはまだ準備不足だと考えたのでしょう、第二部をとばして、一八六四年の夏から第三部を書き始め、年末までにその前半部分（現在

の第一篇〜第三篇）を書き上げました。

私は、『五七〜五八年草稿』（一）から『資本』第三部（五）までを、〝前期〟の草稿と見ています。なぜかと言うと、この次の段階で、マルクスは、その経済学の構想全体にかかわる大発見をするのです。

［6］その大発見とは、恐慌の起こる仕組みをつきとめたことです。一八六五年前半の時期に書いた第二部の第一草稿執筆のなかでの発見でした（邦訳『資本の流通過程――「資本論」第2部第1稿』大月書店）。

ここでの大発見以後、著作の組み立ても内容も大きく変わってゆきます。これを転機として、これまで守ってきた「六部構成」という枠組みは捨てられ、研究の全内容を『資本論』（＊）に包括するという新構想がたてられることになるのです。ここに、前期から後期への、大きな転換点がありました。

＊　一八六二年以前の時期の表題『資本』も、構想転換後の表題『資本論』も、ドイツ語では「Ｄａｓ　Ｋａｐｉｔａｌ」という同じ言葉だが、意義の違いを考えて、訳語では区別した表現にした。

［7］その新構想のもと、一八六五年後半には、『資本論』第三部の後半部分（第四篇〜第七篇）を書きますが、内容は新構想に対応するものに大きく変わりました。

［8］マルクスは、つづいて一八六六〜六七年に『資本論』第一部を執筆・刊行します。

［9］そして一八六八年から一八八一年まで、第二部の諸草稿を書きますが、その最後の部分、第三篇の執筆の途中で病気のために筆を止め、一八八三年三月、死を迎えたのでした。

私が〝前期〟と呼んだ諸草稿と後期の草稿とは、何が一番違うのか。資本主義がなぜ没落して、社会主義への変革を必然とするのか、この資本主義の「必然的没落」の理解が、そこで根本から変わってきたのです。

一八六五年の『資本論』第二部第一草稿に、その転換をひき起こす大発見があったのでした。

一八六五年の大転換

それまで、マルクスが、この「必然的没落」の理解という問題についてどういう考え方でいたかといいますと、資本主義の発展とともに利潤率が下がってくる——これはリカードウを悩まし、そこに資本主義の危機を感じさせた大問題でした。リカードウの段階では、利潤率低下の原因をまだつきとめられなかったのです。マルクスは、その難問を剰余価値論で見事に解決しました。しかし、そのときに、利潤率低下のうちに資本主義の危機をみたリカードウ以来の経済学の危機感をうけついで、利潤率の低下が恐慌をひき起こし、社会変革を必至とする、こういう見方を、資本主義の「必然的没落の理解」の根本に据えてしまったのです。この見方は、『五七〜五八年草稿』から一八六四年後半に書いた『資本論』第三部の時期にまで続きました。ところが、一八六五年のはじめに、おそらく一月だと推定されますが、資本の流通過程を論じる第二部の草稿をはじめて書いたとき（第一草稿）、マルクスは、恐慌が利潤率の低下などとは関係なしに、別の仕組みで起こることを発見したのです。私は、これを恐慌の運動論と呼んでいるのですが、この発見が、マルクスのその後の経済理論の体系、とくに資本主義の「必然的没落の理解」への大きな転換点となりました。

ここで発見した恐慌のしくみとは、つぎのようなものです。

資本は商品を生産します。これは消費者に販売し、消費してもらうためです。ところが、資本主義の発展のなかで、その資本の生産と消費者との間に商人が入ってきます。マルクスは、こうして、中間に商人が入ってくることが、生産と需要とのあいだの矛盾を大きくして恐慌の勃発にいたるというしくみを、第二部第一草稿（一八六五年）で発見したのでした〔＊〕。この発見とともに、それまでの〝利潤率の低下が恐慌と危機をひき起こし、資本が没落する〟という理論の誤りがあきらかになってきます。

＊　恐慌の仕組みの発見　この時、マルクスが、恐慌が起こる仕組みとして最初に書きこんだ文章は、次のようなものだった。

「もしも銀行が資本家Aに、彼が彼の商品にたいする支払いのかわりに受け取った手形にたいして（割引で）銀行券を前貸しするか、あるいは直接に、まだ売れていない彼の商品にたいして彼に銀行券を前貸しするかするとすれば、この銀行券は相変わらず、対象化された労働を、つまり〔資本家〕Aの商品のうちにすでに物質化されている労働を表わすのであり、それは現存する商品の転化形態であろう。〔その場合は、〕ただ、商品あるいは支払手段（手形）が貨幣に転化される時間が先取りされ、それによって、流通過程が短縮され、再生産過程が加速される、等々というだけであろう、――ただ商品の貨幣蛹化《ようか》が先取りされるだけであろう。またこの過程を通じて、販売が現実の需要から独立化し、架空のW―G―Wが現実《レアール》のそれにとってかわることができ、そこから、恐慌が準備される。（過剰生産、等々）」（『資本の流通過程――「資本論」第2部第1稿』三五ページ、新版⑦八五九ページ）。

マルクスが、恐慌生起の具体例としてここで取り上げたケースは、産業資本家が銀行の融資で「商品の貨幣さなぎ化」を先取りするという特殊なケースだが、そこで恐慌発生の仕組みが説明できることが明らかになると、次の段階で、マルクスの思考は、この仕組みが成り立つ条件のより一般的な探究に進んだ。そして、草稿の六ページ（訳書の四七～四九ページ）先では、銀行の関与などの特殊な条件を抜きに、資本主義的生産のもとで恐慌の周期的必然性を、より完成した内容で展開したのだった。

マルクスはその発見にただちに対応しました。一八六五年後半には、第三部の後半を書き始めますが、それは、信用論や地代論などまでをふくむ、新しい構想に立ったものでした。

ここでは、『資本論』全体の構想そのものがすでに変わっていました。それまでの構想では、著作全体は「六部構成」で、「資本」につづいて、「賃労働」「土地所有」などなどが、別個の「部」で研究されるはずでした。これまで、その立場でずっと書いてきたのですが、この大発見があった後、『資本』論一本に経済学の研究をすべて集約しよう、『資本』論にマルクス経済学の全部を代表させよう、こういう考えにかわって、新しい構成で書くようになったのでした。

この構想のもとで、すでに草稿を書きあげていた『資本論』第一部も、その内容を発展させ、根本的に書き改めました。それが、現在、私たちが読んでいる『資本論』第一部です。

そして、そのあと第二部の草稿を書いている途中でマルクスは死を迎えました。現在の第二部は、残された諸草稿からエンゲルスが編集してしあげたものです。第三部も、一八六四〜六五年にマルクスが書いた草稿（さきほどの［五］と［七］）から、エンゲルスが編集しました。

こういう経緯ですから、『資本論』をご覧になって、第一部から順々にマルクスが書いたと思うと大間違いで、実際は、最も早い時期に草稿を書いたのが第三部で、第一部は、それに続く時期にマルクスが書き、自分の責任で発表したもの、第二部は、その後、マルクスが一連の草稿を執筆したものでした。現在の第二部、第三部は、残された草稿からエンゲルスが編集して仕上げました。これが全三部の歴史的な成り立ちなのです。

「必然的没落の理解」での転換

マルクスの経済学というのは、資本主義社会の経済体制（資本主義的生産様式）を研究の対象として正面から分析したものですが、その理論的な要《かなめ》が二つあります。

一つはなぜ、資本主義が封建社会にかわって生まれて発展したのか、社会がより高い発展段階にすすむことになったのか。マルクスはこの問題の解明を資本主義の「肯定的理解」と呼びました。

次の要は、その資本主義が、どうして矛盾が大きくなって次の社会に交代するのか、という問題です。マルクスはそのことの解明を資本主義の「必然的没落の理解」と呼びました〔＊〕。

＊　この言葉は、『資本論』第一部第二版へのマルクスの「あと書き」（一八七三年）からとったもの。

『資本論』における「弁証法は、現存するものの肯定的理解のうちに、同時にまた、その否定、その必然的没落の理解を含み、どの生成した形態をも運動の流れのなかで、したがってまたその経過的な側面からとらえ、なにものによっても威圧されることなく、その本質上批判的であり革命的である」（新版①三三～三四ページ、新書版①二九ページ、傍点は不破）。

この「必然的没落の理解」が、『資本論』第三部第一草稿（一八六五年執筆）を軸にしてすっかり変わってしまった。このことを、『資本論』を読むときに、皆さんにしっかり見ていただきたいと思います。これは、なかなか注目されない点なのです。

なぜ、ここでその転換が起こったかというと、先ほど説明したように、恐慌が起こる本当の仕組みが分かったからです。恐慌の運動論をここで発見した。一八六五年のはじめに――おそらく一月だと私は推定しているのですが――発見した。これがマルクスの経済学の理論体系のその後の大きな発展への転機になりました。

こういう歴史――一八六五年がマルクスの転換の時点だという歴史――がわかると、先ほど見ていただいた『資本論』とその諸草稿の列のなかに、現在『資本論』の構成部分になっているが、転換以前の時期に属するものがあることに気づかれるでしょう。第三部の前半部分（第一篇～第三篇）です。後で話すことですが、これが今の『資本論』のなかで、転換以前に書いた部分だったのです。ところが、エンゲルスはそのことに気がつかないで、大転換の前に書いた第三部の前半部分を、後半部分と同じようにマルクスの経済学の完成品として扱ってしまいました。このことが、『資本論』に一つの大きな問題を残したのでした。

『資本論』の歴史とインタナショナル

以上が、『資本論』の歴史です。

では、マルクスは、利潤率の低下から恐慌がおこり、社会の危機と革命にすすむという古い没落論をすてた後、どういう内容で、資本主義の必然的没落の理論をうちたてたのか。

これは、歴史の進み方のたいへん面白い点ですが、この理論的転換の時期と、マルクスが第一インタナショナル（国際労働者協会）という労働運動の国際組織に参加して、労働者階級の解放運動の先頭に立った時期とが、奇しくも一致しているのです。

一八六〇年代の半ばごろには、ヨーロッパの労働運動がだんだん進んできて、一八六四年九月、イギリスやフランス、ドイツの労働者の代表がロンドンに集まって国際的な組織、国際労働者協会をつくることになりました。そしてその国際協会にマルクスが呼ばれて、その指導にたずさわるようになり、実際に労働運動の指導的な論文を書き始めました。労働者階級の解放闘争を力強い言葉で呼びかけたこの協会の「創立宣言」〔＊〕も、マルクスが執筆したものでした。そのすぐあとに、経済学の上での重要な理論転換があったのでした。

＊**「創立宣言」**　「国際労働者協会創立宣言」。一八六四年一一月一日の同協会暫定委員会で全員一致採択された。

恐慌のために自動的に資本主義が壊れるのではない、資本主義の経済的矛盾の発展はもちろん重要だが、社会を変える力である労働者階級が資本主義の搾取のもとで鍛えられ成長して、最後には資本主義を変革する力をもつまでに発展する、このことに「必然的没落」の中心問題がある。マルクスは、理論面で以前の「恐慌―革命論」から、こういう方向に発展をとげつつあるのと同じ時期に、国際労働運動の先頭に立つことになったのでした。そういう立場で『資本論』第一部を書いている時期に、インタナショナルの指導者となり、その最初の大会（一八六六年のジュネーヴ大会）では、「労働組合。その過去、現在、未来」という題で、世界の労働運動のためのテーゼを書きます。マルクスはそのなかで、労働組合の役割が、「資本にたいする局地的な、当面の闘争」にとどまるものではなく、「労働者階級の完全な解放という広大な目的のために、労働者階級の組織化の中心として意識的に行動する」任務をになっていることを、強調しました（古典選書『インタナショナル』五八ページ）。

こうして、マルクスの実践的な活動の発展と、この恐慌の運動論の発見による経済学の転換が同じ時期に行われた、私はこのことに歴史の歩みの不思議さを感じるのですが、これは、実際、マルクスの理論と実践の発展の大転換期を表わしたものでした。

この転換の意義をつかむことが、『資本論』の歴史をとらえるうえで非常に大事なのです。まず、そのことを申し上げておきたいと思います。

2、エンゲルスの編集史と後継者の責任

『資本論』というのは、さきほど言いましたように、マルクスが第一部、第二部、第三部と順序よく書いたものではありません。第一部は、マルクスが全部、自分で書いて編集したものです。第二版（一八七二年）を刊行するときにも、いくつかの重要な部分を書き直して仕上げました。

ところが、第二部については、マルクスが第一部を完成してから、ずっと、第二草稿から第八草稿まで、数多くの草稿を書いて、完成しないまま中途で亡くなったのでした。その残された諸草稿をエンゲルスが編集したのです。第三部は、マルクスが書いた草稿が、前半の部分と後半の部分、執筆時期の違うものが残っていました（第一篇〜第三篇は一八六四年後半、第四篇〜第七篇は一八六五年後半に執筆）。どちらもマルクスが最初に書いた初稿ですから、まだ荒っぽいところ、未完成のところがずいぶんあるのです。それをエンゲルスが仕上げて完成させました。

こういう形で、『資本論』の第二部と第三部は、いわばマルクスとエンゲルスの共同作業の産物として生まれたものです。

マルクス流「象形文字」の解読

その共同作業ですが、この二つの部を仕上げるまでに、エンゲルスは大変苦労しました。まず、草稿に書かれたマルクスの字を読むのが難しいのです。私もひとの読めない字を書く方なのでマルクスの悪口は言えないのですが、マルクスの書いた字を読めるのは、マルクス夫人とエンゲルスだけだった。ときには、マルクスは自分で書いたものが読めないで（笑い）、エンゲルスに読んでもらった（笑い）。こういう話があるくらい、「象形文字」とも言われるような字なのです〔＊〕。

＊　**エンゲルスの手紙から**　このことについて、エンゲルスは第二部の作業を始める前に、友人にこういう手紙を書いていた。

「今は、『資本論』の結びの諸巻を印刷できる文章と、読める筆跡とでまとめることが、絶対の必要事なのです。このふたつのことをやれるのは、生きている人間全部のうちで僕だけです。もし僕がそのまえにくたばりでもしたら、これらの手稿を読み解くことは、ほかのだれにもできないでしょう。マルクス自身、もうそれを読めないことがしばしばあったのですが、マルクス夫人と僕には読めたのです」（エンゲルスからベッカーへ　一八八四年六月二〇日　全集㊱一四九ページ）。

一八八三年三月、マルクスが死んだときに、夫人はすでに亡くなっていました。残された『資本論』の第二部、第三部の草稿を読める人は、もうエンゲルス以外にいない。その判読にエンゲルスがとりかかるのですが、それは容易な仕事ではありませんでした。

エンゲルスは、マルクス葬送の任務をおえたあと、マルクスの書斎などを捜索します。そのとき、『資本論』第二部、第三部の草稿を発見した喜びの手紙がのこされています。

一八八三年四月二日　**ラヴローフへ**　「『資本の流通』と第三部『総過程の諸姿容』との草稿を見つけました――二つ折り判で約一〇〇〇ページです。この草稿が現在のままの状態で印刷に出せるかどうか、を今から言うことは、不可能です。どのみち私はそれを清書しなければならないでしょう。というのは、それは最初の草案だからです。近いうちに、モールがわれわれに残した全手稿に目を通すためにいくらかの時間を費やすときがきっとくるでしょう」（『書簡選集　中』二五三ページ、全集㊱三ページ）。

四月一一日　**ニーウェンホイスへ**［＊1］「マルクスは『資本論』第二部［＊2］のための厚い原稿を残しましたが、まずこれを一通り全部読んでみないことには（しかもなんともひどい筆跡です！）、それがどの程度まで印刷できるのか、どの程度まであとのノートから補充する必要があるのか、なんとも言えないのです。いずれにしても、肝心なのは、あるということです」（同前六ページ）。

＊1　**ニーウェンホイス**、フェルディナント・ドメラ（一八四八～一九一九）オランダの労働

運動の代表者のひとり。のちにオランダ社会民主労働党の創立者の一人となるが、一八九〇年代以降は無政府主義者となった。

＊2　『資本論』第二部　この時点では、現在の第二部と第三部を、合わせて「第二部」と呼んでいた。

その遺稿を世にだす仕事、なかでも『資本論』の続刊を刊行する仕事は、エンゲルスに課せられた大きな課題でしたが、エンゲルスが、この草稿を編集する仕事にとりかかるのは、発見してから一年くらいたった一八八四年五月末になりました。なぜ、こういう空白があるのか、調べてみますと、やはり理由がありました。

まず、エンゲルスが、病気で六カ月ほど寝込むのです。そして、病気から起き上がって、マルクスの残した遺稿をずっと調べていくと、そのなかに、モーガンというアメリカの古代社会研究家［＊1］が書いた著作『古代社会』についてのマルクスのノートがみつかりました［＊2］。エンゲルスがそのノートを読んで、マルクスのこの研究をそのままにしておくわけにはいかない、『資本論』編集の任務もあるけれども、この仕事は長く時間がかかるから、その前にマルクスの最後の労作である古代社会論をまとめて発表しよう、こう決意して、『資本論』編集の前に、まずこれにとりかかったのでした。こうして生まれたのが『家族・私有財産・国家の起源』（一八八四年）という、みなさんよくご存じのエンゲルスの著作です。エンゲルスはそれを、マルクスのノートを発見してから正味二カ月くらいで仕上げました。

＊1　モーガン、ルイス・ヘンリ（一八一八〜八一）　アメリカの考古学者で、『古代社会』は一八七七年にロンドンで刊行された。

＊2　マルクスのノート　「ルイス・ヘンリ・モーガンの著書『古代社会』の摘要」と題されるノートで、一八八〇年末から一八八一年三月初めまでに執筆された。全集補巻④二五七〜四七四ページに収録されている。

エンゲルスは、八四年五月末から『資本論』第二部の編集にとりかかります。この編集作業の第一の難関は、マルクスの草稿を読める字に書き直すことでした。エンゲルスはそれにとりかかるのですが、病み上がりの身ですから、いろいろ考えて、筆記者を頼んで、自分はソファで横になって草稿を読む、そしてエンゲルスが読み取ったものを、きちんとした読める字に筆記者に書き直してもらう、こういう作業ですすめることにしました。第二部のこの口述作業には、なんと、八四年の五月末からはじめて一〇月まで五カ月近くかかりました。そうして清書したものを、エンゲルスが、夜、正確に筆記されているかどうかを点検して必要な手直しをやる。

そのときのエンゲルスの手紙があります。〝体の調子が悪く、医者からは長時間机にむかうな、と厳禁されていた〟と。そういった状況になったために、膨大な草稿の清書は、できないから、それを筆記者に頼んだというわけです。この作業が毎日五時間から一〇時間。こうして清書した草稿を材料として、エンゲルスが第二部にかかるのですが、一八八五年一月には編集が完了する。ものすごいスピードでした。しかし、一日五〜一〇時間の口述筆記は、たいへんな苦しい仕事だったようで、エンゲルス自身、その作業を「難行苦行」と呼んでいました〔＊〕。

＊ 「難行苦行」「いま僕は『資本論』第二巻の口述筆記をやらせており、これまでのところ急ピッチで進行しています。だが、これは難行苦行で、たいへん時間がかかり、ところによっては知恵をしぼらなければなりません。幸いなことに、僕の頭の調子はたいへんよく、完全な活動能力をたもっています」（エンゲルスからベッカーへ　一八八四年六月二〇日　全集㊱一四八ページ）。

その上、夜の手入れの仕事があります。当時の夜は、いまのように明るくはないのです。ランプやろうそくの時代からガス燈の時代に変わっていましたが、ガス燈といってもいまの白熱電灯にくらべればはるかに暗いものです。私は、この夜の仕事が、次の段階でエンゲルスが眼病で悩む大きな原因になったことは間違いないと思います。そういう苦労をして第二部を仕上げました。

一〇年近くかかった第三部の編集

今度は第三部です。これは、第二部のようなスピードでは進みませんでした。

また、最初の作業は口述筆記です。それは八五年一月に始まり、七月下旬には完了します。エンゲルスはこのとき、はじめて第三部の内容を詳しく読んだようで、いろんな友人に第三部の内容について手紙を書き送っています。たとえば、ラウラというマルクスの二番目の娘さんですが、そのラウラに送った手紙には、こうありました。

「こんなすばらしい諸発見を、こんなに包括的で完全な科学的な革命を頭のなかでやっていた男が、それを二〇年ものあいだ自分だけのものにしておくことができた、ということはほとんど了解できないことだ」（八五年三月八日『書簡選集 下』二九ページ、全集㊱二五九ページ）。エンゲルスも知らされていなかったすばらしい内容が第三部に展開されている。そのことへの驚きと感激の言葉です。

一方、編集に取りかかるエンゲルスの体の条件はさらに悪くなっていました。まえまえからの病気にくわえて、目の病気がすすんだのです。医者からは読み書きは一日二時間だけと制限されます。エンゲルス自身、『資本論』第三部を仕上げたときに「序言」を書いていますが、その中で、完成が遅れた事情の第一に、自分の体調をあげてこう述べています。

「なによりもまず、もっとも多く私をさまたげたのは、長く続いている視力減退で、このため、私のもの書きをする仕事の時間は、多年にわたって最小限に制限されてきたし、いまもなお、人工の光［ガス灯の光］のもとでペンを手にすることが例外的に許されているにすぎない」（新版⑧七ページ、新書版⑧五ページ）。

こういう悪条件のなかで第三部の編集に携わったのでした。しかも、エンゲルスがおかれていたのは『資本論』さえやっていればいいという立場ではないのです。

以前は、マルクスと二人で協力して世界中の労働運動、社会主義運動に対応していました。いろいろな理論問題にも二人で分担し合ってとりくんできました。いま、それが一人になった。しかも、エンゲルス自身の著作への取組みもあるが、マルクスの著作でまだ発表していないものやいろいろな著作の各国語版を発表する必要が出てくる。そうなると、その準備が全部エンゲルスの肩にかかってきます。そういう仕事を山と抱えながら、さらに手紙を書くという仕事があります。これは最小限にすると何度も宣言するのですが、世界の各方面から意見や助言を求められ、運動上エンゲルスの発言を必要とする場面もかぎりなくうまれてきました。第三部の編集にあたっている一〇年近くの間に、全集に収録されているだけでも、世界各国の友人や活動家たちに一一六二通、全集で二〇〇〇ページを超える手紙を書いています。そういう状況ですから、なかなか『資本論』第三部の仕事は進みませんでした。

第三部の口述筆記は、一八八五年七月に終わりましたが、エンゲルスはその後見舞われた眼病のために長く仕事にとりかかれず、編集作業を開始するのは、一八八八年一〇月となり、第三部の最後の原稿を印刷所に送り出したのは、一八九四年五月になりました。口述の開始から数えると、編集にほぼ九年半かかったことになります。こうして一〇年近い歳月をかけて生み出したのが、『資本論』の第三部です。これは伊達や酔狂では読めない本ですよ。

内容を見ますと、最初の難関は第一篇だったそうです。理論の筋道よりも、このなかに剰余価値率と利潤率の関係の計算をする章があります（第三章と第四章）。マルクスは数学には強いけれども計算には弱いという弱点があって、この篇に関係する計算のノートが何冊もありますが、みんな間違っているのですね（笑い）。それを全部訂正して、ちゃんとした計算式に直すのに一番苦労したということを、エンゲルスは書いています。その一方、第三部の最大の問題である「利潤率の傾向的低下の法則」を論じた第三篇などは、ほとんど問題を感じないまま、パスさせたようです。

ともかく八八年一〇月に編集作業を始めて以後、翌八九年の二月末までに第一篇―第四篇の編集を終えています。かなりのスピードでした。

ところが第五篇、これはわれわれがいま読んでも苦労するところで、銀行と信用にかかわる長い篇です。エンゲルスは、八九年の秋からこの篇に取りかかったようですが、編集の完了までにたいへんな苦労をすることになりました。

エンゲルスが第三部の「序言」で書いていることを要約すると、次のような状況だったとのことです。

ここは、理論的体系としてはまったく仕上がっていない部分だったので、それを理論的に仕上げて「著者の与えようと意図していたものすべてを、せめて近似的に提供しよう」と考えて、その線での仕上げ作業を三回試みたけれども、そのつど失敗した。どうしても成功しない。「私に残されたのは、ある意味で大急ぎで事をかたづけ、現存するものを可能な限り整理することだけに限定し、ただどうしても必要な補足だけをすることしかなかった」（新版⑧一三～一四ページ、新書版⑧一一ページ）。

こういう方針を採用してようやく第五篇の編集を終えたのが、一八九三年の春でした。信用の篇だけで何と三年と数カ月かかったことになります。

エンゲルスは、いつも第三部の編集の状況を友人やマルクスの娘たちに書き送っていますが、誰にも知らせない、一切報告を書かない時期が一八九〇年から九一年にかけてかなり長く続いたことがあります。この発信空白の時期は、信用のところで何度も理論的に仕上げようとして「そのつど失敗した」というその時期にあたるのではないかと推測していますが、そういう、ひとにはいいがたい苦労をしてようやく仕上げたのが、第五篇でした。

このころの状況について、エンゲルスの印象的な言葉があります。信用論を仕上げる四カ月前、彼は九二年一〇月に、オーストリアの党幹部アードラーという同志に次のような手紙を書いたのです。

「僕はいま『資本論』第三巻にとりかかっている。過去四年間で一度でも三か月、落ち着けるという予定がとれていたら、とっくに仕上がっているはずなのだ。しかしそんないい日に会うことは一度もなかった」（一八九二年一〇月二三日　全集㊳四四〇ページ）。

エンゲルスは、実に、そういう苦労のなかで、第三部の編集という困難な仕事をやりとげたのでした。九三年三月~九四年五月に、『資本論』の最後の部分、地代論その他を仕上げて印刷所に送りこみ、一八九四年一二月に第三部が刊行されました。

こうして、マルクスの生涯をかけた労作『資本論』全三部が、ついに世界に送り出されたのでした。

その一〇カ月後、一八九五年八月にエンゲルスは死亡しました。まさにエンゲルスは『資本論』に命をささげたと言ってもよいと思います。

悪条件のもとでの編集作業

これまでに見てきたように、エンゲルスによる『資本論』第二部、第三部の編集作業は、たいへんな悪条件のもとでおこなわれたものでした。

第一に、マルクスは、生前、草稿の進み具合をエンゲルスに説明すると、「そこまでできているのなら早く書け」といわれると思うものですから、内容も進行状況もエンゲルスに知らせなかったのです。内容を知らされていないのですから、それだけでも編集はたいへんでした。

第二に、エンゲルスは編集にあたって、草稿の内容は、マルクスが仕上げた第一部の草稿と同じ水準のものだ、仕上げられたものだと思っていましたから、そのなかにマルクスが乗り越えた古い考えが残っているなどとは夢にも思わないわけです。しかし、実際には、さきほど説明したように、第二部第一草稿で大きな理論的転換がありました。残された『資本論』第三部の草稿には、この転換以前に書いた部分（第一篇〜第三篇）があったのですが、エンゲルスはそのことに気がつかないまま、編集にあたった。これも大事な点です。

第三に、『五七〜五八年草稿』、『六一〜六三年草稿』があることは、エンゲルスはわかっていました。ざっとは見ています。ただ、先ほど言ったように、マルクスの字というのは難しい字ですから、ざっと見て中身がすぐわかるものではないのです。エンゲルスは、そのなかに、「剰余価値にかんする諸学説」と題した膨大な草稿があることを発見して、後輩たち〔＊〕にこれは大事だということを書き送っていますけれども、こういうものを自分で研究して、『資本論』に生かすことはとても不可能でした。

＊ **後輩たち**　ドイツの社会民主党の幹部党員だったカウツキー（一八五四〜一九三八年）とベルンシュタイン（一八五〇〜一九三二年）です。エンゲルスは、この二人にマルクスの「象形文字」の解読法を教えこみ、自分の死後に「剰余価値にかんする諸学説」を刊行することを委託した（一八八九年一月二八日のエンゲルスからカウツキーへの手紙参照。全集㊲一一八〜一二〇ページ）。しかし、この二人のエンゲルス死後の政治行動は、エンゲルスの期待を裏切るものとなった。

最後に、エンゲルス自身の体調の困難がありました。仕事時間の制限をしろと最初からいわれていた、それに眼病がくわわるなど、いろいろなことがあって、第三部刊行の九カ月後に亡くなりました。亡くなった後に、食道がんにおかされていたこともわかりました〔＊〕。

＊　**エンゲルスの病気**　エンゲルスには知らされていなかったが、彼を見ていた医者は、数年来エンゲルスをなやましてきた病気が食道がんであることを知っていた。

エンゲルスは、こういう困難をきわめた歴史的条件のもとで、最善を尽くしたと思います。そういう努力があったからこそ、『資本論』全三巻の全体像が後世に伝わることができて、私たちはいまこれを読むことができるのです。これはエンゲルスならではの歴史的功績だったと思います。

私は、今回、あらためてその全経過をふりかえって、その意義を痛感しました。後の機会に、エンゲルスの苦闘の経過をまとめて紹介する仕事を自分の課題としたい、こういう気持ちにもなりました。

こういう困難な条件のもと、単独の努力でおこなわれたその編集作業が歴史的限界をまぬがれないことは当然なのです。事実、いくつかの問題点が残りました。

今日（二〇一九年）、『資本論』最後の巻・第三部が発行されてから一二五年たちました。マルクス、エンゲルスの新しい完全版全集――略称『新メガ』の刊行で、一九九〇年代半ば以後には、諸草稿のほとんど全体を日本語で読めるようになりました。ですから、エンゲルス編集の歴史的到達点にとどまらないで、その問題点も調べて解決するのは、新しい条件を得たわれわれの責任だと思います。そしてその責任を果たしたのが、今回の新版の大きな特徴であり、成果だということを、私はみなさんにご報告したいと思います。（拍手）

3、現行版の編集上の問題点

資本主義の「必然的没落」論と恐慌の運動論

これから、現行版の主要な問題点をみてゆきますが、その最大のものは、先ほど、現行の『資本論』への発展の起点となったと意義づけた第二部第一草稿における転換点——新しい恐慌論、恐慌の運動論の発見が見落とされてしまったことです。

エンゲルスは第二部を編集したときの「序言」に、「第一草稿（一五〇ページ）は、現在の区分での第二部の最初の独立の、しかし多かれ少なかれ断片的な論稿である。これからも利用できるものはなかった」（新版⑤九ページ、新書版⑤八ページ）と言って、第一草稿は編集からはずすことを言明していました。

『資本論』は、「資本の生産過程」、「資本の流通過程」、「総過程」という三つの構成部分からなっていますが、第一草稿というのは、マルクスが「流通過程」論を最初に展開した草稿でした。ですから、まだ荒っぽいところ、未成熟なところはいっぱいあります。そういう意味では、これを採用しないで第二草稿以後の草稿によって編集したということには一定の根拠があったのですが、実はその第一草稿には、そのなかでマルクスが恐慌の運動論を発見してここに書き込んだというたいへん重要な特質がありました。それをエンゲルスが見落としたことは、『資本論』の編集に大きな影響をおよぼしました。

第一は、資本主義の没落論にかかわる問題です。

マルクスは、『資本論』第三部第一草稿を書く以前の時期、すなわち一八六四年までは、利潤率の低下が恐慌を生み社会変革を生むという古い没落論にとらわれていました。『資本論』第三部の前半部分は、その時期に書かれたもので、その第三篇では、「利潤率の低下傾向」がいかに資本主義の没落を必然のものとするか、ということの証明が主題の一つとなっています。しかし、内容をよく読んでみると、最後までその没落論は証明できないままに終わっていることがわかります。

マルクスはその後、恐慌が起こる仕組みを、第二部第一草稿での「資本の流通過程」の研究のなかで発見して、資本主義の「必然的没落」の理論を、新しい見地で発展させたのでした。ですから、『資本論』第一部では、第七篇の第二三章と第二四章第七節がこの問題の解明にあてられ、資本主義の諸矛盾の発展と合わせて、そのなかで「訓練され結合され組織される労働者階級」の運動、その変革者としての成長が主体的条件となって、資本主義が没落の時期を迎えるという新しい没落論が書かれています。

ところが、エンゲルスは、そこを見損なったために、その没落論と同時に、「利潤率が低下して資本主義が没落する」という、マルクスが乗り越えた前段階の没落論を第三巻にそのまま残してしまいました。

その結果、労働者階級の闘争を軸にした第一部の新しい没落論を全面的にとらえられず、資本主義は利潤率低下で没落するのではないかという見方に余地を残す結果になりました。

注意しておきたいのは、これは、利潤率低下の法則に問題があるわけではありません。利潤率というのは、不変資本と可変資本の比率ですから、資本が大きくなり発展すれば必ず低下します。しかし、低下することが資本主義の危機を生むかと言えば、そういうことはないのです。これは、生産力が発展すれば当然起こる現象であって、それを没落論に結びつけたところに、大きな誤りがあったのでした。マルクス自身は、一八六五年の恐慌の運動論の発見を転機としてこれを克服しましたが、エンゲルスが第三部を編集したさいに、この問題に気づかず、マルクスがすでに乗り越えた見地を一部に残してしまった。そこから不明確さを生んだのでした。

第二は、恐慌の運動論の本格的な展開がないことです。

もともと、エンゲルスは、マルクスが第二部第一草稿で恐慌の運動論を発見したという事実そのものを見逃してしまったものですから、現行の『資本論』全体を読んでも、恐慌の運動論についての本格的な議論はなかなか見つからないのです。しかし、よくよくみると、現行の『資本論』にも、恐慌の運動論について述べた部分はありました。

たとえば第三部の第四篇の商人資本論です。ここは、マルクスが、新しい恐慌論、恐慌の運動論を発見したその年（一八六五年）に書いた篇ですから、そこで商人資本の運動を論じるなかで、マルクスは新しい恐慌論を展開しています〔＊〕。しかし、そこに新しい恐慌論を読み取る人がいままであまりいませんでした。商人資本の運動にかかわる特別の議論として、読み過ごされてきたのだと思います。

＊　第三部第四篇の「第一八章　商人資本の回転。価格」（新版⑨五一八〜五二一ページ、新書版⑨五一四〜五一六ページ）を見てほしい。そこでは、第二部第一草稿で発見した恐慌の運動論が、第一草稿以上にていねいに説明されている。

マルクスは、第二部の「注」のなかで、恐慌論はこの部の最後の部分で本格的な展開をおこなうことを予告しています〔＊〕。つっこんだ恐慌論は、そこで展開するよ、という予告だと思いますが、現行版では、予告だけにとどまっています。いまの『資本論』の編集では、マルクスがせっかく発見した恐慌論が、十分な形では反映しておらず、ここに一つの大きな弱点を残しました。

＊　第二篇「第一六章　可変資本の回転」のなかでの「注」（新版⑥五〇一〜五〇三ページ、新書版⑥四九九〜五〇〇ページ）。この「注」は、一八六八〜七〇年に執筆した第二草稿のなか

での「注」だが、次に見るように、のちの草稿には、最後の部分で予定した恐慌論が、第一草稿で発見した恐慌の運動論を基本とするものであることを示唆する書き込みもあった。

第二部の「第二章　生産資本の循環」は、一八七六〜一八七七年執筆の第五草稿によって編集したもので、第二部の諸草稿のなかでも、最も新しい時期の所産ですが、マルクスは、そのなかで、流通過程への商人の参加の問題を取り上げたとき、その文章の最後に「恐慌の考察にさいして重要な一点」という一句を書き込みました（新版⑤一二四ページ）。そして、そのページの下段に長い注を書き込みました。そこで出所は示しませんでしたが、内容は、恐慌の運動論を説明した第二部第一草稿の文書を転記したものでした。ここは、恐慌論を本格的に論ずる場所ではありませんから、第二部の最後の部分で恐慌の問題を本格的に論じるときに必要な文章を、覚え書き的に書き留めたのではないかと、私は見ています（エンゲルスはこの「注」を、本文に組み込みました）。

第二部の草稿執筆の最後に近い時期（一八七七年）に、第一草稿の恐慌論の主要部分をここに転記したことは、その時点でのマルクスの理論的立場をしめすものとして、重要な意義を持つことでした。

新版では、いまあげたそれぞれの箇所で、新しい恐慌論にかかわる必要な説明を「注」でおこなって、本文では説明の足りない点を補っています。さらに、第二部の最後には、かなり大きな「訳注」をたて、第二部第一草稿の恐慌論の全文を掲載して、今の弱点を補いました。

4、そのほかの一連の問題

そのほか、エンゲルスの編集の問題点として新版で解明したいくつかの点を、比較的大きな問題にしぼって、紹介しておきたいと思います。

（一）第二部・拡大再生産の部分の叙述

一つは、第二部の拡大再生産の部分の叙述の問題です。

マルクスは、解決すべき新しい問題にぶつかったとき、解決の方法を見いだすために、問題の入り口を変えたり、道筋を変えたりと、いろいろ試行錯誤をくりかえすことがよくあります。それで結論に到達したときには、試行錯誤で書いたところはそのまま残しておくと読者が混乱しますから、そこは削ってしまって、到達した結論部分をきちんと書くのが普通のやり方でした。『資本論』の草稿にも、そういう部分はあるのです。

第二部第三篇第二一章の「蓄積と拡大再生産」の章では、マルクスが何度も挑戦しては失敗を繰り返し、最後に正しい結論に到達するのですが、現行版では、試行錯誤の失敗の部分が本文としてそのまま編集されてしまって、読者を混乱させる、こういう編集になっています。

マルクスにも失敗があるのだと思って、面白く読む方もいるでしょう。マルクス自身、挑戦に失敗した後では、「これではわれわれはただ堂々めぐりをしているだけ」だなどの自己批判的な文章を書くなど、そういうところが現在の『資本論』に残っていますから、そこを探して読むのも面白いのですが、そこを研究の本論として読んでしまったら困るのです。

そういう点は、今度の新版では、独自に区分をつけて、マルクスの試行錯誤の過程だということがわかるように工夫しました。

(二) 信用論での草稿外の文章の混入

それから、マルクスが『資本論』のために書いたものではない文章を、エンゲルスが間違えて入れてしまったというところもあるのです。

マルクスは、『資本論』を書くときにノートの独特の使い方をしまして、本文を執筆するときは、ノートのページを上下に区切って、本文を上半分に書きました。下半分はおそらく「注」などを書き込むために空けておくということだったのでしょう。

一方、同じノートでも、別の用途にノートを使うときには、上下の区分なしにべったり書いてしまうのです。編集のさいに、そこを読み分ければ間違いはないのですけれども、信用論の部分をエンゲルスが編集したときに、その読み分けをしなかった部分がありました。

信用論の草稿には、マルクスが、イギリスの議会の議事録から、いろんなやり取りをそのまま速記して、あとあとの材料のために記録したところがあります。そのときには、上下の区切りなしに全ページを使って書きこみました。その部分をエンゲルスが読んだときに、後々のための資料と思わないで、これも『資本論』そのものの原稿だと思ったのですね。しかし、そのままでは原稿にならないので、文章の順序を入れ替えたり、自分で批評や分析の言葉を書き加えたりして、独自の章をつくる。こうしてつくられた章が、第三部の信用論には何章もあるのです。今ではその事情もわかりましたから、訳注でその区別がわかるようにしています。

実は、第三部の草稿ノートの中には、マルクスがわざわざ「混乱」というタイトルをつけて、イギリス議会の混乱した討論を抜粋した相当大きな部分があるのです。いまの『資本論』では、それが全部、独自の章として編集されています〔＊〕。そういう編集上の問題点も、今度の新版ではわかるようにしました。

＊　第五篇の「第二六章　貨幣資本の蓄積。それが利子率におよぼす影響」の議会報告書の引用部分（新書版⑩七二〇ページ以後）、「第三三章　信用制度下の通流手段」（新書版⑪）、「第三四章〝通貨主義〟と一八四四年のイギリスの銀行立法」（同前）など。

実はマルクスは、「混乱」と題した抜粋をつくった当時、いま議会報告書を読んでいる最中だということを、エンゲルスに手紙で書いていました。一八六五年八月一九日の手紙ですが、ブルジョア陣営の代表者たちは「ナンセンス」な議論をしている、「このごった煮の全部にたいする批判」を、「もっとあとの本」でやるつもりで、材料を集めていると、ちゃんとエンゲルスに報告していました（『書簡選集　上』二七五ページ、全集㉛一二四ページ）。エンゲルスがこの部分の編集にあたったのは、この手紙から二〇年くらいたっていますから、そこでのマルクスの説明など忘れてしまって、「ごった煮」全体を『資本論』の本文と思い込んだのでしょう。

この信用論編集は、エンゲルスが、一番苦労したところですが、そういうなかで、『資本論』に入るべきでない草稿が部分的に入り込んでしまったというのは、まぎれもない事実ですから、新版では、そのことを明らかにしました。

（三）未来社会論の取り扱い

最後に、第三部第七篇「第四八章　三位一体的定式」という題のところの問題です。変わった表題ですが、「資本」が利子を生む、「労働」が賃金を生む、「土地所有」が地代を生む――ここに俗流経済学の一番の哲学がありました。それをマルクスが、「三位一体」という言葉で冷やかして批判したのがこの章なのです。

ところがこの章に、未来社会論が入っているのです。この章の最初に近い部分です（新書版⑬一四三二～一四三五ページ）。

私たちは、未来社会について「自由の国」と「必然性の国」という言葉を使って説明します。これは、この章のなかにある「未来社会」論をもとにしたものです。社会のなかの人間の活動をみると、人間の活動には二つの部分がある、社会を維持するための物質的生産に参加する時間、すなわち労働に従事する時間と、それ以外の自分の自由に使える時間です。マルクスは、社会の必要のための労働にあてる時間を「必然性の国」と呼び、自分が自由に使える時間を「自由の国」と呼びます。「自由の国」をたくさん持てば持つほど、人間は自分をも発達させることができるのです。

階級社会では、労働者階級は、「自由の国」をまったく持てないか、本当にわずかしか持てない。しかし、階級差別がなくなった未来社会——社会主義・共産主義の社会では、みんなが平等に労働して、ひとりひとりの労働時間が短くなり、自由に使える時間——「自由の国」をみんなが豊かに持てるようになる、それですべての人間が自分を発達させる可能性と条件を獲得し保障される、そのことが「必然性の国」に反作用して労働時間をさらに短くする、マルクスは、ここで、こういう壮大な未来社会論を展開しました。

この未来社会論が『資本論』のどこにあるかというと、現行版では、「三位一体的定式」という俗流経済学批判の章のなかにまぎれこんだような形であったのです。そのために、この未来社会論はなかなか発見されず、長く読み過ごされてきました。

私たちは、二〇〇三〜〇四年の日本共産党綱領の改定の時期に発見して、この未来社会論を党綱領の将来展望のなかに大きく位置づけたのでした。

それまでなぜ発見されなかったのか。それは、この章が、「三位一体的定式」のテーゼの解説に始まり、そのあとにこの未来社会論がなんの意義づけもなしにでてきて、そのあとにまた「三位一体的定式」の俗流経済学批判が延々と続くという編集になっていることに、一つの原因があったと思います。

マルクスのもともとの原文をみると「三位一体的定式」という章の表題を書いてから、すぐ、いちばん最初の部分に、カギ括弧をつけて未来社会論を書いています。マルクスは、『資本論』でものを書くときに、ここで扱っている主題ではないけれども、別の主題でパッと思いついたことがあり、その問題を書きつけるときには、必ずカギ括弧をつけて、その事情をわからせるようにしていました。

ところが、エンゲルスは、この点を見逃してしまったのですね。それでこの章のなかのいろいろな箇所にある「三位一体的定式」にかかわる文書を集めてきて、それをまず頭におく、続く部分に未来社会論をおいて、そのあと再び「三位一体的定式」にもどり、この問題での俗流経済学批判の本論を延々と続ける、こういう編集をしたものですから、せっかくの未来社会論が、「三位一体的定式」と俗流経済学批判のなかに埋没してしまい、その意義がとらえにくくなってしまった。

マルクス自身は「三位一体的定式」という章の題名を書いたすぐ後に、カギ括弧つきで未来社会論を書いている、そのあとに「三位一体的定式」の本文がきているのですが、エンゲルスはそこを読み違えたのではないでしょうか。

ここは大事な点ですから、新版では編集を少し変えました。エンゲルスが冒頭にもってきた三つの文章をしかるべき位置に移して、冒頭に未来社会論がくるようにし、ここは「三位一体的定式」の一部ではなく、未来社会論を論じた独自の部分だということがわかるように、必要な訳注もつけるという新しい編集にしました。

こういう点はまだほかにもありますけれども、以上が、エンゲルスが苦労した中で、見残したとか、見誤ったとかという問題点としてとりあげて、今度の、新版『資本論』でその解決を示した主だった点であります。

5、新版『資本論』刊行の歴史的な意義

最後ですが、今年(二〇一九年)は、エンゲルスが第二部を刊行してから一三四年、第三部を刊行してから一二五年にあたる年です。この間、日本でも世界でも『資本論』の多くの諸版が発

行されてきました。しかし、エンゲルスによる編集の内容そのものに検討を加え、残された問題点を解決して、マルクスが到達した理論的立場をより鮮明にする、こういう立場で翻訳・編集した『資本論』の新版の刊行は、これまで世界に例がないものであります。

それだけに、当事者としての責任の重さを痛切に感じています。

私たちは、エンゲルスも十分に読み取る機会と条件がなかった『資本論』成立の歴史が、資料の面でもこれだけ明らかになった現在、この仕事をやりとげることは、マルクス、エンゲルスの事業の継承者としての責任であり、義務であると考えて、この仕事に当たってまいりました。そして、今回、発刊する新版『資本論』は、エンゲルスが、資料も時間も十分にもたないなかでおこなった編集事業の労苦に思いを寄せ、その成果を全面的に生かしながら、『資本論』の執筆者であるマルクスの経済学的到達点をより正確に反映するものになったことを確信しています。

現代の日本で、また広くは現代の世界で、マルクスの理論を指針として社会の進歩と発展に力を尽くそうとする多くの人々が、この新版『資本論』を活用してくださることを心から願って、私の話の結びとするものであります。どうもありがとうございました。（拍手）

マルクス『資本論』のすすめ
——新版の刊行によせて

不破哲三・萩原伸次郎・山口富男　3氏語る

（「しんぶん赤旗」２０１９年８月18日付）

日本共産党社会科学研究所監修による新版『資本論』（全12分冊、新日本出版社）の刊行が（２０１９年）９月から始まります。刊行によせて、不破哲三・党社会科学研究所所長、萩原伸次郎・横浜国立大学名誉教授、山口富男・党社会科学研究所副所長の３氏に、新版『資本論』の特徴と面白さなどについて語ってもらいました。

意欲的でこれは面白い
新版準備の条件が整った

萩原　新版『資本論』の一面広告（「しんぶん赤旗」２０１９年７月25日付）や宣伝リーフレッ

ト（4ページ）を見ましたが、たいへん意欲的な企画ですね。『資本論』研究の進展を真剣に受けとめ、共産党の社会科学研究所として新版に生かし、仕上げてゆこうという意欲に満ちています。未来社会論でも、恐慌論でも、必要な場合はマルクスの草稿を紹介するそうですから、私の研究との関係から見ても〝これは面白いぞ〟と感じます。

不破　『資本論』の新書版は1982年から89年に刊行しましたが、それ以来30年たちます。この間に『資本論』の諸草稿がすべて刊行され、日本語訳の刊行もすすみました。また、エンゲルスの編集上の問題点も明らかとなり、その解決を含め、新しい内容をもった新たな版を準備する条件が整ったのです。新版では、これらの問題点の解明とマルクスの学説の到達点を明確にすることに特別の力を入れました。

山口　新しい条件を踏まえ、訳文、訳語、訳注の全三部全体にわたる改訂となりました。第一部「資本の生産過程」（4分冊で刊行）では、マルクスが校閲した初版（1867年）、第2版（1872～73年）との異同、マルクス自身が独自の意義をもつとしたフランス語版とそれを受けた第3版（1883年）、第4版（1890年）での改訂箇所を示すことを重視し、原注についても、どの版でつけられたかをすべて明記しました。

萩原　第一部の初版では、エンゲルスの注文もあって、付録に「価値形態論」をつけましたね。これらはどう処理されるのですか。

山口　初版での本文と「付録」での価値形態の二重の叙述は、第2版で一本化されて、統一し

（左から）萩原伸次郎、不破哲三、山口富男の各氏

た叙述に改められました。訳注でその経過を示し、必要に応じて、初版での叙述を紹介しています。

萩原　フランス語版については、新書版でも注が豊富で、〝フランス語版の方がわかりやすい〟と、ずいぶん役に立ったのですが、もっと増えるわけですね。

山口　第23章「資本主義的蓄積の一般的法則」を例にとると、関連の訳注が30ほど増えます。そのほか、マルクス独自の重要概念である「独自の資本主義的生産様式」、「全体労働者」について訳語を統一し、歴史的事項については、第一部だけで50余りの新訳注をつけました。

第二部、第三部に大問題が新しい恐慌論をめぐって

不破　改訂上の大きな問題は、第二部「資本の流通過程」と第三部「総過程の諸姿容」にありました。

（第二部は3分冊、第三部は5分冊で刊行）

『資本論』は、マルクスが順序よく発表したものではありません。第二部（1885年）と第三部（1894年）は、エンゲルスが、残されたマルクスの遺稿から編集したもので、大事業でしたが編集上の問題点も残したのです。

一番大きな問題点は、エンゲルスが恐慌論におけるマルクスの到達点を見落としたことです。マルクスは、表題を『資本論』として第一部の最初の草稿を1863年8月に書き始め、64年夏にこれを書き上げます。つづいて64年後半に、第三部前半の三つの章（現行の篇）を執筆します。それに続いて、65年前半に第二部第一草稿を書きますが、そのなかで、マルクスは、自身の経済学説の組み立て全体に影響を与える大発見をしたのです。その発見とは、新しい恐慌論——恐慌がどういう仕組みで起こるかについての解明でした。それまでマルクスは、恐慌は利潤率低下の法則の発動によって起こり、それが資本主義を没落に導くと考え、第三部前半もその立場で執筆しましたが、その証明はついにできませんでした。

新しい発見は、資本の再生産過程に商人が入り込み、再生産過程が商品の消費の現実の動向から独立して進行するようになって恐慌が起こるというものでした。私はこれを「恐慌の運動論」と呼んでいます。この発見は、恐慌論だけでなく、第三部前半で展開した没落論の誤りを明らかにして、これ以後の『資本論』の内容に大転換を引き起こすものでした。

エンゲルスは、そこを見落とし、第二部第一草稿を〝断片的な草稿で、利用できなかった〟としてしまいました。そのため、第二部では、新しい恐慌論は展開されないままに終わり、第三部の編集では、マルクスが捨てた最初の没落論が復活させられたのです。

萩原　そうすると、第三部の第三篇（「利潤率の傾向的低下の法則」）までは大転換以前の構成で、第四篇の商人資本から、そのあとの信用論をふくめた後半部分が、不破さんのいう恐慌の運動論を認識したマルクスの書いている部分と理解していいのですか。

不破　マルクスは、第三篇では利潤率の低下で恐慌が起こるということを一生懸命に証明しようとするけれども、65年後半に書いた第四篇の商人資本のところでは、それを抜きにして恐慌を説明しています（第四篇第18章「商人資本の回転。価格」）。そこに断絶があるのです。ところが、この部分は、商人資本の特殊な話と受け取られて、恐慌論の本論と読まれなかったのですね。新版では、これらの点も訳注で指摘することにしました。

萩原　私も、『世界経済危機と「資本論」』（新日本出版社）で、商人資本のところから恐慌論を引用しましたけれど、たしかに目立たない。（笑い）

研究上の苦闘ぶりを再現
マルクスを歴史のなかで読む

不破　第一部の最初の草稿と第三部の前半部分は古い構想で書くのですが、恐慌の運動論を発見して以後、新しい立場で、信用論、地代論をふくむ第三部の後半（第四篇～第七篇）を書き、1866年から第一部の完成稿の執筆に入ります。こうして第一部も、賃労働を含め、労働日や労働者の発展をくわしく書き入れる構想に変わるのです。

現行の第一部の末尾には、資本の側の搾取強化とそのもとで「訓練され結合され組織される」労働者階級の闘争を軸にした社会変革の必然性が書き込まれています（第24章第7節）。ここに新しい没落論の定式化があります。

萩原　新版の宣伝では、「第二部第一草稿に書き込まれた新しい恐慌論の全文を収録」とありますね。

山口　マルクスは第二部を、資本主義的生産様式の経済的矛盾の最も深刻な表れである恐慌の総括的解明で結ぶ構想をもっていました。このことを考慮し、新版では第二部の末尾に、その起点となった研究として第二部第一草稿の関係部分を収録したわけです（新版第七分冊）。

萩原　分量はどのくらいになりますか。

不破　第一草稿の邦訳でいうと、『資本の流通過程』（大月書店）の数ページ分（35、47～49ページ）です。訳注では、マルクスの三つの文章のそれぞれに説明をつけました。

萩原　マルクスの新しい恐慌論の展開を直接、確認できるわけですね。第二部では、拡大再生産の表式化のところにも編集上の工夫があるようですが。

不破　第21章「蓄積と拡大再生産」で、マルクスの試行錯誤が記録されているところですね。

マルクスも、草稿を仕上げるときには直したところでしょうが、新版では、拡大再生産の表式化に到達するまでのマルクスの研究経過と苦闘ぶりをつかめるように、独自の訳注で四つの区分を示すことにしました。

萩原　非常に読みにくいところを、マルクスの研究上の苦闘を再現しながら、マルクス自身の歴史のなかで読もうというのだから、面白い。

第三部での未来社会論をめぐって
最初の草稿のときからの問題意識

萩原　第三部の第七篇第48章については、エンゲルスの編集を組み替えて、初めのところに「未来社会」についての言及をもってくるとのことです。これも、日本共産党の理論研究のレベルを世間に知らしめることになると思います。

山口　現行第48章「三位一体的定式」の冒頭には、エンゲルスによって三つの断片が置かれています。いままでは、断片IとIIは第48章の別の箇所に入ることがわかり、IIIも冒頭に置く必要がなくなりました。それぞれを適切な箇所に移し、マルクスの草稿どおりに、未来社会論を展開した部分を冒頭に置き、訳注でその経過を説明しました。

不破　諸草稿を読むと、ここでの未来社会論は、マルクスが最初の経済学草稿『一八五七〜五八年草稿』にとりかかった最初のときから、すべての人間が自分の意のままに活用できる「自由」な時間をもつことに、未来社会の根本問題があるとして、その展望を発展的に展開してきたことがわかります。

第三部第七篇には、その到達点が、「自由の国」と「必然性の国」という印象的な言葉を使って展開されています。この一節は、現行版では、「三位一体的定式」という俗流経済学の滑稽な図式批判の文章のなかに埋め込まれていて、未来社会論がそこにあるとは、多くの方が気づかなかったのではないか。

草稿では、［ ］（角カッコ）つきで書かれた一節ですが、これは、マルクスが、文章を書いている地点の主題とは別個の問題をそこに書き込むときに使う方式なのです。エンゲルスも、この文章の意義を読み取っていたら、第七篇の冒頭の角カッコつきで書かれた未来社会論を、俗流経済学批判のなかに埋没させることはしなかったと思います。

私たちは、2003～04年の党綱領改定のさいに、マルクスのこの解明に注目し、人間の全面的な発達をはかる「自由な時間」をつくりだすことを、未来社会における人間生活の変化の最大のものと意義づけました。

萩原　私が長くいた大学で、『資本論』研究者の佐藤金三郎氏と一緒の時期がありました。『一八五七～五八年草稿』などの研究から、〝共産主義社会というのは、自由な時間なんだよ。これがキーワードなんだ〟と、私に言うのです。佐藤先生は1989年に亡くなり、そのような指摘はずっと下火になっていました。そこに、不破さんが「未来社会論」という形で「自由な時間」という問題を『資本論』のなかから取り出してこられた。これは、ソ連がつぶれて〝社会主義がだめだ〟という声にたいして、〝そうでない。本来の展望はここにある〟ということを示そうとした大きな仕事だと思います。

「私が全巻予約の第1号になる」（萩原）

不破　マルクスは第二部、第三部についての膨大な草稿を残しましたが、進行状況をエンゲルスに知らせると、〝早く仕上げよ〟と言われるから、事前の相談をしないのです。事情を知らないエンゲルスは、相当な苦労をして『資本論』第二部、第三部の編集にあたります。第二部の編集のあとだいぶたってから第三部に取りかかりますし、その間の構想の変化などを見落としても仕方のない面もあります。エンゲルスがこの大仕事をやっていなかったら、『資本論』は第一部だけで、あとは草稿で残されたということになり、困りますからね。

ですから、私たちは、マルクスの学説の到達点とエンゲルスの編集上の問題点を検討し、その仕事の継続をやるつもりで、新版の編集にあたりました。

山口　新版『資本論』全12分冊は、（2019年）9月20日から隔月で刊行し、2021年7月に完結の予定です。古典選書版の大きさで、セットで2万1600円（税抜き価格）。2年がかりの事業となりますが、ぜひ、手にとっていただき、読み手を広げてほしいですね。

萩原　面白いうえに、これは安いですよ。私が全巻予約の第1号になります。大いに活用させてもらいましょう。

〔年表〕『資本論』の歴史から

1818年5月　マルクス　現在のドイツ・ライン州のトリーアに生まれる
1820年11月　エンゲルス　ライン州のバルメンに生まれる
1843年～44年　マルクス　パリで経済学の研究をはじめる（25歳）
1848年2月　『共産党宣言』を発表。ドイツ革命に参加（48～49年）。
　革命敗北後、マルクス、イギリス亡命（49年8月）。エンゲルスも
1850年　マルクス　ロンドンで経済学研究を再開（大英博物館を利用）。
　53年までに24冊の経済学ノートをつくる（「ロンドン・ノート」）
1857～58年　最初の経済学草稿を執筆（『57～58年草稿』、ノート7冊）
1859年6月　商品と貨幣を分析した『経済学批判』第一分冊を刊行（41歳）
1861～63年　二つ目の経済学草稿を執筆（『61～63年草稿』、ノート23冊）
1863年8月～64年前半　著作名を『資本論』に変え、第一部の初稿を執筆
1864年夏～64年末　第三部の前半草稿を執筆（現行の第1篇～第3篇）
〔1864年9月　ロンドンで国際労働者協会（インタナショナル）創立〕
1865年前半　第二部の第1草稿を執筆（邦訳『資本の流通過程』、大月書店）
〔1865年の理論的転換――『資本論』の内容と組み立てが大きく変わる〕
1865年夏～65年末　第三部の後半草稿を執筆（現行の第4篇～第7篇）

1866年1月〜67年4月	新しい構想で第一部の完成稿を執筆（5〜8月、校正作業）
1867年9月	『資本論』第一部をドイツで刊行（49歳）
1867〜81年	第二部の諸草稿を執筆（第1草稿を含め、8篇の草稿を残す）
1872年7月〜73年3月	『資本論』第一部第二版を刊行（9分冊、のち合本）
1872年9月〜75年11月	『資本論』フランス語版（マルクス校閲、改訂）刊行
1883年3月	マルクス　ロンドンで死去（64歳）。死後、第一部第三版を刊行
1884年5月〜85年1月	エンゲルス　第二部の草稿を口述筆記で清書し（1日5〜10時間で、84年10月まで）、編集原稿を作成
1885年1月〜7月	エンゲルス　第三部の草稿を口述筆記で清書
1885年7月	エンゲルス　『資本論』第二部を編集し、ドイツで刊行（65歳）
1887年1月	『資本論』第一部英語版を刊行（エンゲルス監修）
1888年10月〜94年5月	エンゲルス　第三部の編集原稿の作成にあたる
1890年12月	『資本論』第一部第四版を刊行
1893年	『資本論』第二部第二版を刊行（エンゲルスの序言の日付は7・15）
1894年12月	エンゲルス　『資本論』第三部を編集し、ドイツで刊行（74歳）
1895年8月	エンゲルス　ロンドンで死去

（『前衛』2020年12月号、山口富男「新版『資本論』のすすめ——刊行開始一年にあたって」から）

志位　和夫（しい　かずお）
1954年生まれ
日本共産党幹部会委員長、衆議院議員

萩原伸次郎（はぎわら　しんじろう）
1947年生まれ
横浜国立大学名誉教授

山口　富男（やまぐち　とみお）
1954年生まれ
日本共産党社会科学研究所副所長

不破　哲三（ふわ　てつぞう）
1930年生まれ
日本共産党社会科学研究所所長

新版『資本論』のすすめ
刊行記念講演会でのあいさつと講演

2021年1月15日　初　版
2021年5月10日　第2刷

著　者　志位　和夫、萩原伸次郎
山口　富男、不破　哲三
発　行　日本共産党中央委員会出版局
〒151-8586　東京都渋谷区千駄ヶ谷4-26-7
TEL 03-3470-9636 / mail : book@jcp.or.jp
http://www.jcp.or.jp
振替口座番号　00120-3-21096
印刷・製本　株式会社光陽メディア

落丁・乱丁がありましたらお取り替えいたします

ISBN978-4-530-04416-1 C0031　Printed in Japan